BEI GRIN MACHT SICH IHR WISSEN BEZAHLT

- Wir veröffentlichen Ihre Hausarbeit, Bachelor- und Masterarbeit

- Ihr eigenes eBook und Buch - weltweit in allen wichtigen Shops

- Verdienen Sie an jedem Verkauf

Jetzt bei www.GRIN.com hochladen und kostenlos publizieren

Marktanalyse und Marketingplanung anhand eines Sportstudios

Fabio Wißen

Bibliografische Information der Deutschen Nationalbibliothek:

Die Deutsche Nationalbibliothek verzeichnet diese Publikation in der Deutschen Nationalbibliografie; detaillierte bibliografische Daten sind im Internet über http://dnb.d-nb.de abrufbar.

 ISBN: 9783668977655
 Dieses Buch ist auch als E-Book erhältlich.

© GRIN Publishing GmbH
Nymphenburger Straße 86
80636 München

Alle Rechte vorbehalten

Druck und Bindung: Books on Demand GmbH, Norderstedt Germany
Gedruckt auf säurefreiem Papier aus verantwortungsvollen Quellen

Das vorliegende Werk wurde sorgfältig erarbeitet. Dennoch übernehmen Autoren und Verlag für die Richtigkeit von Angaben, Hinweisen, Links und Ratschlägen sowie eventuelle Druckfehler keine Haftung.

Das Buch bei GRIN: https://www.grin.com/document/491040

Deutsche Hochschule für
Prävention und Gesundheitsmanagement
Hermann Neuberger Sportschule 3
66123 Saarbrücken

Hausarbeit (kollektive Prüfungsleistung)

Name, Vorname	Wißen, Fabio
Modul	Marketing I
Studiengang	Sportökonomie
Datum Präsenzphase	02.05.2018 – 04.05.2018
Studienort	Düsseldorf
Gruppe bzw. zu bearbeitende Stadt	Mannheim
Unternehmenstyp*	**EMS-Studio**

* abhängig von Aufgabenstellung: jeweils den zu bearbeitenden „Unternehmenstyp" eintragen

Inhaltsverzeichnis

1 MARKTBESCHREIBUNG/-ANALYSE 3

1.1 Allgemeine Informationen über den Unternehmenstyp 3

1.2 Lage und Standort des Unternehmens 5

1.3 Bestimmung von zwei Marktgebieten 5

1.4 Makroumfeldanalyse und Abschätzung des Marktpotentials 7

1.5 Wettbewerbsanalyse 9

2 MARKETINGPLANUNG 10

2.1 Budgetplanung 10

2.2 Kommunikationspolitik 10

2.3 Werbeplanung - Budgetverteilung 12

2.4 Kostenkalkulation / Budgetvergleich 13

2.5 Synergieeffekte 13

3 ABSCHLUSSSTATEMENT 14

4 LITERATURVERZEICHNIS 15

5 ABBILDUNGS- UND TABELLENVERZEICHNIS 16

5.1 Abbildungsverzeichnis 16

5.2 Tabellenverzeichnis 16

1 Marktbeschreibung/-analyse

1.1 Allgemeine Informationen über den Unternehmenstyp

Die Zielgruppe des EMS-Studios richtet sich an berufstätige Personen mittleren Alters (20-50 Jahre). Hierbei spielt das Geschlecht keine Rolle. Jedoch werden mit dem Trainingskonzept Personen angesprochen, die unter anderem berufsbedingt, wenig Zeit für Sport oder körperliche Bewegung haben, sicher aber dennoch sportlich betätigen wollen. Ein weiteres Kennzeichen der Zielgruppe ist das Bedürfnis nach individueller, ganzheitlicher Betreuung, was in klassischen Fitnessstudios nicht immer gewährleistet ist. Sie wohnen in den gekennzeichneten Marktgebieten oder sind dort aufgrund ihrer Arbeit ansässig. Außerdem sind sie bereit mehr Geld für eine überdurchschnittliche Dienstleistung auszugeben, um ihre Ziele mit geringem Zeitaufwand zu erreichen.

Tab. 1: Positionierung

Welche Produkte/Leistungen bieten wir an?	• Patentierter „3-Eckansatz" (USP)
	    o EMS-Kraft (20 min)
	    o EMS-Cardio (20 min)
	    o EMS-Ernährungscoaching (individuell)
	• 2 Trainingseinheiten/Woche mit festen Terminen
	• Regelmäßige Bodychecks
	• Persönliche Beratung/Betreuung

Was unterscheidet uns von der Konkurrenz?	• Patentierter 3-Eckansatz • Individuelle Gestaltung des Trainings (zielorientiert)
Vorteile/Nutzen aus Kundensicht	• Effektives, zeitsparendes Ganzkörpertraining → Figur/Ästhetik • Rückenmuskulatur aufbauen → Steigerung der Lebensqualität • Ausgleich zum monotonen Arbeitsalltag → Stressbewältigung

Die Zielgruppe möchte mit geringem Zeitaufwand, maximale Erfolge erzielen. Hierbei geht es nicht nur darum Muskeln aufzubauen, Körperfett zu reduzieren oder Bindegewebe zu straffen, sondern auch Rückenschmerzen zu lindern. Das Studio bietet individuelles EMS-Personaltraining an. Dies beinhaltet nicht nur das 20-minütige EMS-

Krafttraining, sondern auch ein EMS-Cardiotraining. Das persönliche Ernährungscoaching vervollständigt den patentierten „3-Eckansatz". Um den Veränderungsprozess für das Mitglied transparent zu halten und erkennbar ist, dass Resultate erzielt werden, führen wir in einem Abstand von 8 Wochen sogenannte Bodychecks durch. Hierbei werden mit einer InBody-Waage alle relevanten Körperdaten (Muskelanteil, Fettanteil, Umfänge etc.) gemessen und dokumentiert. Damit das Mitglied die Termine regelmäßig wahrnimmt, werden diese im Kalender fixiert. Eine Erinnerung für die jeweiligen Termine wird per E-Mail verschickt. So wird regelmäßige Trainingsbeteiligung gewährleistet. Unsere Personal Trainer sorgen nicht nur während des Trainings für einen reibungslosen Ablauf, sondern betreuen auch vor und nach der Einheit jedes einzelne Mitglied. Durch die Flexibilität in der Übungsgestaltung können wir jeder Zielvorstellung gerecht werden.

Tab. 2: Produkt-, Preis- und Distributionspolitik

Marketinginstrument	Umsetzung im Unternehmen		
Produktpolitik: Gesamtheit an Gütern und Dienstleistungen, die ein Unternehmen auf dem Markt anbietet (Meffert, Burmann & Kirchgeorg, 2012, S. 385).	• EMS-Personaltraining (2x 20 min/Woche) • Ernährungscoaching • Verkauf von Nahrungsergänzungsmitteln • Persönliche Beratung		
Preispolitik: Alle Entscheidungen des Unternehmens über das Entgelt des Leistungsangebotes (Preispolitik) sowie über die möglichen Konditionen (Konditionenpolitik), wie Rabatte oder Liefer- und Zahlungsbedingungen etc. (Dunker, 2006, S. 31).	Tarif	Laufzeit	Wochenpreis
	FlexFull	6 Monate/ 12 Monate	34,90 EUR/ 29,90 EUR
	FlexOne (1x Woche)	12 Monate	19,90 EUR
	10er Karte	individuell	299,90 EUR*
	Zusätzlich ist bei Abschluss der Flex-Tarife eine Startgebühr i.H.v. 49,90 EUR* zu entrichten. Diese Gebühr enthält: * = einmalig Anamnese, Zielvereinbarungsgespräch, Ernährungsberatung und regelmäßige Bodychecks		
Distributionspolitik: Alle Maßnahmen, um das Produkt vom Ort der Herstellung zum Abnehmer zu bringen (Nieschlag, Dichtel & Hörschgen, 2002 S.881).	• Dienstleistung (Produktion und Konsum) findet im Mikrostudio statt → Vgl. Uno-Actu-Prinzip • Gesundheitstag bei BASF Mannheim → Showtraining auf dem Firmengelände		

1.2 Lage und Standort des Unternehmens

Das EMS-Studio befindet sich in Mannheim, im Regierungsbezirk Karlsruhe in Baden-Württemberg. Mein Unternehmen liegt in Mannheim. Das Ecklokal befindet sich mitten im Stadtteil In-nenstadt/Jungbusch. Dieser Teil von Mannheim weist eine sehr gute Vernetzung bzw. Infrastruktur auf. Die nächste Bushaltestelle sowie eine S-Bahn-Station, befinden sich direkt am Paradeplatz und sind innerhalb weniger Minuten zu erreichen. Von dort aus sind es mit den öffentlichen Verkehrsmitteln (Bus und Bahn) nur 5 bzw. 10 Minuten bis zum Mannheimer Hauptbahnhof. Das Nächstliegende Parkhaus (C2 13) ist ebenfalls unmittelbar zu erreichen. Es befindet sich westlich vom Mikrostudio. Falls die Tiefga-rage (300 Parkplätze) vollständig belegt sein sollte, ist das nächste Parkhaus (C1 13) mit weiteren 450 Parkplätzen nur weitere 75 Meter südlich entfernt. Die gut besuchte Mannheimer Innenstadt, auch Planken Innenstadt genannt, ist das Herz von Mannheim und zeichnet sich durch eine sehr hohe Passantenfrequenz aus. Davon soll das Micro-studio profitieren, indem es die Aufmerksamkeit durch gute Sichtbarkeit auf sich zieht. Namhafte Kaufhäuser und Geschäfte befinden sich in unmittelbarer Nähe zum gewähl-ten Standort. Hierbei stimmen die gewählten Zielgruppen überein. Neben den zahlrei-chen Konsumgütergeschäften siedeln sich auch immer mehr kleinere Unternehmen in die Mannheimer Innenstadt an. Die kurzen Trainingszeiten in dem EMS-Mikrostudio (während der Mittagspause) sprechen aus diesem Grund auch Angestellte und Berufstä-tige der ansässigen Unternehmen an. Des Weiteren erhoffen wir uns durch die Wahl des Standorts eine hohe Präsenz und eine schnelle Erhöhung des Bekanntheitsgrades, da durch die S-Bahn und die Bus-Linie viele Menschen am Studio vorbeifahren.

1.3 Bestimmung von zwei Marktgebieten

Grüne Markierung: Standort
Gelbe Markierung: Konkurrent 1
Blaue Markierung: Konkurrent 2

Die Abbildung 1 zeigt das Marktgebiet 1. Hier ist eine Anfahrtszeit von 6 Minuten aus allen vier Himmelsrichtungen veranschlagt worden.

Abb. 1: Marktgebiet 1

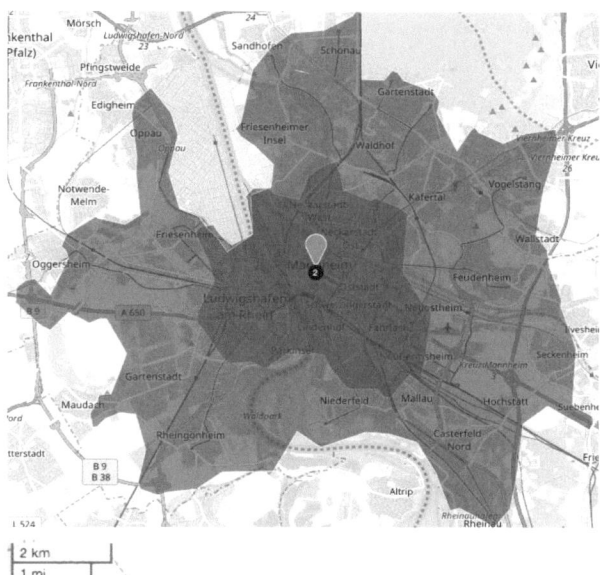

Abb. 2: Marktgebiet 2

Die Abbildung 2 zeigt das Marktgebiet 1 (dunkel-rot) und das Marktgebiet 2 (hell-rot). Bei Marktgebiet 2 wird eine Fahrtzeit von 12 Minuten aus allen vier Himmelsrichtungen veranschlagt.
Als Software wurde die Plattform „openrouteservice" verwendet.

1.4 Makroumfeldanalyse und Abschätzung des Marktpotentials

Kaufkraft:
Unter Kaufkraft wird das nominal verfügbare Nettoeinkommen der Bevölkerung inklusive staatlicher Transferzahlungen wie Renten, Arbeitslosen- und Kindergeld verstanden (GfK Kaufkraft Deutschland, 2016). In Bezug auf die Kaufkraft in Deutschland liegt Mannheim für 2017 mit einem Kaufkraftindex von 100 genau im Durchschnitt. Wir reden von einer durchschnittlichen absoluten Kaufkraft von 21.332 EUR pro Person/Jahr.

Arbeitslosenquote:
Die Arbeitslosenquote lag im August 2017 bei 4,0%, dies entspricht einer absoluten Gesamtanzahl von 8.502 Arbeitslosen. In Bezug auf den bundesweiten Durchschnitt (August 2017) von 5,7% liegt Mannheim mit diesem Wert unterhalb dieser Grenze (Bundesagentur für Arbeit, 2017).

Altersverteilung:

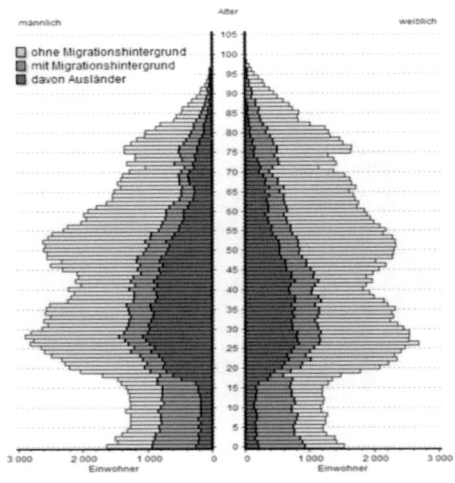

Abb. 3: Bevölkerungsstruktur Mannheim (mannheim.de, 2017)

Tab. 3: Marktgebietspotential 1 (Wikipedia, 2015):

Stadtbezirk	Einwohnerzahl	Gewichtete Einwohnerzahl
Mannheim – Jungbusch/Innenstadt	33.933	100% → 33.933
- Neckarstadt-West	20.929	15% → 3.139
- Neckarstadt-Ost	34.799	90% → 31.319
- Oststadt	13.896	95% → 13.201
- Schwetzingerstadt	11.213	100% → 11.213
- Neuhermsheim	4.769	40% → 1.907
- Lindenhof	14.287	90% → 12.858
- Almenhof	7.433	100% → 7.433
- Neckarau	16.465	30% → 4.939
Ludwigshafen – Mitte	11.832	100% → 11.832
- Süd	19.048	100% → 19.048
- Mundenheim	12.872	30% → 3.861
- Nord/Hemshof	17.294	100% → 17.294
- BASF	k.A.	10% → 1.000 (Schätzung)
- Friesenheim	17.812	20% → 3.562
- West	4.741	10% → 474
Summe Mannheim Marktgebiet 1		**119.942**
Summe Ludwigshafen Marktgebiet 1		**57.071**
Summe gesamt		**177.013**
Marktpotential (Marktgebiet 1) Kaufmännische Vorsicht!		**12.390** (entspricht 7% von 177.013)

Tab. 4: Marktgebietspotential 2 (Wikipedia, 2015):

Stadtbezirk	Einwohnerzahl	Gewichtete Einwohnerzahl
Mannheim – Neckarstadt-West	20.929	85% → 17.789
- Neckarstadt-Ost	34.799	10% → 3.479
- Neuhermsheim	4.769	60% → 2.861
- Lindenhof	14.287	10% → 1.428
- Neckarau	16.465	70% → 11.525
- Waldhof	11.077	100% → 11.077
- Luzenberg	3.199	100% → 3.199
- Sandhofen	14.035	30% → 4.210
- Niederfeld	7.990	100% → 7.990
- Hochstätt	3.229	100% → 3.229
- Feudenheim	15.074	100% → 15.074
- Rheinau	26.087	50% → 13.042
- Neuostheim	3.432	100% → 3.432
- Käferthal	28.155	70% → 19.708
Ludwigshafen - Mundenheim	12.872	70% → 9.010
- Friesenheim	17.812	80% → 14.249
- West	4.741	90% → 4.266
- Oggersheim	23.776	100% → 23.776
- Ruchheim	5.671	40% → 2.268
- Gartenstadt	16.440	80% → 13.152
- Rheingönheim	8.078	60% → 4.846
- Maudach	6.636	15% → 995
- Oppau	9.531	10% → 953

Summe Mannheim Marktgebiet 2		118043
Summe Ludwigshafen Marktgebiet 2		73515
Summe gesamt		191558 x 70% = 134090
Marktpotential (Marktgebiet 2) Kaufmännische Vorsicht		9386 (entspricht 7% von 134090)
Summe Marktgebiet 1 und 2		21776 (12390 + 9386)

1.5 Wettbewerbsanalyse

Tab. 5: Wettbewerbsanalyse

	Konkurrent 1	Konkurrent 2	Unternehmen
Produktpolitik	Kursangebot Gerätetraining Personal Training Wellness	EMS-Personaltraining Ernährungsberatung Verkauf von Supplementen	Siehe Tab. 1 und Tab. 2
Grundlegende Positionierung	Zielgruppe: Menschen jeden Alters (inkl. Schüler, Azubi, Studenten) Breitaufgestellter Anbieter im Mittelpreissegment	Zielgruppe: Menschen jeden Alters Junges, innovatives Fitnesskonzept	
Stärken	Großes Kursangebot, breit aufgestelltes Angebot	Standardisierte Abläufe in allen Bereichen, klare Struktur	Flexible Trainingsgestaltung, innovativer 3-Eckansatz
Schwächen	Kein ausgewiesenes Ernährungsberatungskonzept	Trainingsmonotonie Keine Cardio-Komponente	Kein Wellnessangebot

Die zwei stärksten Mitbewerber befinden sich im Marktgebiet 1. Als Marktführer im EMS-Franchise verfügt Konkurrent 1 über 270 Studios in Deutschland, Österreich, Großbritannien und Italien. Es existiert eine Academy, in der sie ihre Mitarbeiter schulen. Alle Prozesse, wie zum Beispiel Verkauf, Personal Training oder der Umgang mit Kunden, sind standardisiert, sodass weniger Fehler auf-treten. Daraus resultiert eine Monotonie in der Trainingsgestaltung, da der Trainings-plan immer vorgegeben ist. Es ist auffällig, dass die Studios immer so aufgebaut sind, dass die Mitglieder „im Schaufenster" trainieren. Dies kann bei einigen Personen zu Unwohlsein führen. Das Konzept sieht vor, dass der Eingangsbe-reich so gestaltet ist, dass sich die Mitglieder keine Gedanken darüber machen müssen beim Training von Passanten beobachtet zu werden. Konkurrent 2 gehört zur Unternehmensgruppe Pfitzenmeier und ist nur wenige 100 Meter entfernt. Derzeit existieren 29 Clubs in der Region Rhein-Neckar, Rheinland-Pfalz und im südlichen Hessen. Der Fitnessclub zeichnet sich durch ein großes Kursangebot aus. Außerdem besteht die Möglichkeit sich in Bereichen wie Muskelaufbau, Gewichtsreduktion, Rückenschule, Reha Sport zu verbessern und sogar Personal Training in Anspruch zu nehmen. Die Ernährungsberatung kommt an dieser Stelle zu kurz. Das Unternehmen arbeitet mit einem zertifizierten Ernährungsprogramm, welches an ein externes Unternehmen weitergegeben wird, um so noch bessere Ergeb-nisse zu erlangen.

2 Marketingplanung

2.1 Budgetplanung

Bei einer vorgegebenen Mitgliederanzahl von 90, liegen wir für das erste Geschäftsjahr bei einem Jahresmarketingbudget von 9000 EUR. Hierbei wurde die „Marketingkosten pro Neukunde"-Methode angewendet. Die geplante Mitgliederanzahl von 90 wird mit den Marketingkosten pro Neukunde von 100 EUR multipliziert. Da es sich um eine Unternehmensneugründung handelt, bleibt die Fluktuationsquote unberücksichtigt.

2.2 Kommunikationspolitik

Bei der ersten Vermarktungskampagne werden drei verschiedene Instrumente der Kommunikationspolitik (Werbung, Online Marketing und Direkt Marketing) eingesetzt. Die Kommunikationspoltik umfasst die systematische Planung, Gestaltung, Koordination und Kontrolle aller Kommunikationsmaßnahmen des Unternehmens im Hinblick auf alle relevanten Zielgruppen, um die Kommunikationsziele und damit die nachgelagerten Marketing- und Unternehmensziele zu erreichen (Meffert, Burmann & Kirchgeorg, 2012, S. 606). Die Haltestellen sämtlicher öffentlicher Verkehrsmittel werden plakatiert. Hierzu bietet sich die nahegelegene Mannheimer Innenstadt an. An die in der Nähe liegenden Restaurants und Einkaufsmöglichkeiten werden ebenfalls Flyer und Plakate verteilt. Um eine persönliche Bindung zur Zielgruppe aufzubauen, wurde das Direktmarketing ausgewählt. Hierzu zählen Promotionaktionen. Die dabei vereinbarten Probetrainings sollen zu Direktabschlüssen führen.

Tab. 6: Überblick Vermarktungskampagne

Ziel der Kampagne	Neukundengewinnung			
Inhalt der Kampagne	1. Plakate auf dem Arbeitsweg der Zielgruppe anbringen 2. Flyer und Servietten mit Firmenlogo an die umliegenden Restaurants und Geschäfte 3. Unternehmensseite auf Facebook und Instagram erstellen mit gezieltem Posting 4. „Tag der offenen Türe" des Unternehmens beim Stadtfest Mannheim (1 Woche vor Eröffnung)			
Zeitliche Organisation (s. Inhalte der Kampagne)	1	2	3	4	Eröffnung
	19.11.18	24.11.18	12.01.19	19.01.19
Überprüfung des Kampagnenerfolges	- Befragung der Kunden im Beratungsgespräch - Mailing an Kundenstamm - Befragung über ein Umfragetool			

Das primäre Ziel der Vermarktungskampagne ist Neukundengewinnung. Zu Beginn der Kampagne (19.11.18) werden Plakate auf dem Arbeitsweg der Zielgruppe angebracht. Hierzu werden sowohl S-Bahn-Stationen als auch Bushaltestellen sowie Litfaßsäulen mit Plakaten beklebt. Diese Werbeträger befinden sind in Marktgebiet 1 und 2 (siehe Aufgabe 1.3). Zudem werden ab dem 24.11.18 Flyer und von uns zur Verfügung gestellte Servietten mit Firmenlogo an die umliegenden Geschäfte und Restaurants gegeben. Darauf steht unter anderem unsere E-Mail-Adresse und unsere Rufnummer. Mit dem Werbespruch „fix fit und fertig! – in nur 20 Minuten zum Beach-Body - 0621-11111 – ihre Nummer zur Strandfigur!" erzeugen wir einen inneren Dialog beim Leser. Somit kommen wir mit der Zielgruppe in die Interaktion und der Bekanntheitsgrad des Unternehmens erhöht sich. Weiterhin verstärkt wird die Werbung durch das Online Marketing. Am 24.11.18 wird eine Unternehmensseite auf Facebook und auf Instagram erstellt, da die von uns definierte Zielgruppe verstärkt auf diesen Plattformen unterwegs ist. Hierbei werden gezielte Posts mit sogenannte Keywords (EMS, Personaltraining, Lebensqualität etc.) veröffentlicht. Durch diese Keywords, auch „Hashtags" genannt, gelingt es uns Mehrfachkontakte aufzubauen. Um aus dem Bedarf des potentiellen Kunden ein mögliches Kaufbedürfnis zu generieren, limitieren wir unser reduziertes Angebotskontingent, welches sowohl auf den Flyern und den Servietten, als auch auf den Plakaten und in den Posts thematisiert wird. Wir erzeugen eine Knappheit des Gutes, um die Zielgruppe dazu zubringen sich mit uns in Verbindung zu setzen. Eine Woche vor der Eröffnung am 19.01.2019 wird das Stadtfest in Mannheim (12.01.19) dazu genutzt, um einen „Tag der offenen Tür" zu veranstalten. Es werden kostenlose Probetrainings und Catering angeboten. Ziel der Probetrainings ist der Direktabschluss, da nur an diesem Tag die Startgebühr i.H.v. 49,90 EUR entfällt. Außerdem sichern sich die Neukunden die attraktiven Vorverkaufskonditionen (19,90€/Woche).

2.3 Werbeplanung - Budgetverteilung

Von dem Jahresbudget i.H.v. 9000 EUR stehen für die erste Vermarktungskampagne 20%, also 1800 EUR, zur Verfügung.
Für das übrige Geschäftsjahr wird sich für eine zyklische Budgetverteilung entschieden, die wie folgt vorgenommen wird:

Tab. 7: zyklische Budgetverteilung

Monat	Jan.	Feb.	Mrz.	Apr.	Mai	Jun.	Jul.	Aug.	Sep.	Okt.	Nov.	Dez.	VVK	Res.
%-Verteilung	20	15		15			5		30			5		10
In EUR	1800	1350		1350			450		2700			450		900
Geplante Neumitgl.	18	6	7	5	4	4	2	2	9	9	9	4	11	
Mitgl. gesamt	18	24	31	36	40	44	46	48	57	66	75	79	90	

Aus der Tabelle ist zu entnehmen, dass für den Vorverkauf (d.h. vor der offiziellen Eröffnung) 11 Neumitglieder geplant sind. Hierzu wird insbesondere der „Tag der offenen Tür" am 12.01.2019 genutzt. Hinzu kommen Neuverträge aus Promotion-Aktionen in der Mannheimer Innenstadt, welche zwischen dem 19.11.2018 und dem 19.01.2019 durchgeführt werden.

Tab. 8: Werbemittel/Werbeträger

Werbemittel	Werbeträger
Plakate	Litfaßsäule/Plakatwand
Flyer	Post/Private Verteilung
Digitaler Banner	Internet → Facebook

Die Plakate werden dort angebracht wo es häufig zu Wartezeiten, wie z.B. an Haltestellen, Ampeln oder am Mannheimer Bahnhof, kommt. Diese Orte befinden sich alle im Marktgebiet 1 und 2. Die Flyer werden über eine private Haushaltsverteilung, zusammen mit einem Gutschein für ein Probetraining, an die Zielgruppe gebracht. Hiermit erregen wir nicht nur Aufmerksamkeit, sondern schenken dem potentiellen Neumitglied ein Personaltraining. Auf Facebook wird ein Banner unseres Firmenlogos für eine Dauer von 4 Wochen auf die Startseite der Zielgruppe platziert, sodass sich unser Name im Langzeitgedächtnis einspeichert. Oberstes Ziel ist es, dass in Verbindung mit EMS der erste Gedanke direkt das neugegründete Unternehmen wird.

2.4 Kostenkalkulation / Budgetvergleich

Tab. 9: Kostenkalkulation

Werbemittel	Werbeträger	Stückzahl/ Dauer	Kosten	Sonstige Kosten	Gesamtkosten
Plakate	Litfaßsäule/ Plakatwand	100	545,45€	520€ Anbringung der Plakate	1.065,45€
Flyer	Post/Private Verteilung	50.000	289,78€	400€ Personalkosten	689,78€
Banner	Facebook	Reichweite: 10.000 (Zielgruppe) 2 Wochen	60,00€ pro Woche	keine	120€
Summe aller Kosten:					1.875,23€
Zur Verfügung stehendes Budget:					1.800,00€

Wir liegen in Summe bei allen Werbemaßnahmen 75,23€ über dem Budget. Diese Unterdeckung wird mit der Reserve (Tab. 7) getragen. Alle anderen Marketingmaßnahmen können demnach wie geplant durchgeführt werden, da der Mehraufwand im späteren Verlauf des Geschäftsjahres zum Unternehmenserfolg beiträgt. Als Optimierungsvorschlag bringe ich an, dass die Plakate bei der nächsten Maßnahme nicht alle vom Dienstleister angebracht werden, um Kosten zu sparen, da das eigene Personal deutlich günstiger ist, da ausschließlich duale Studenten eingesetzt bzw. ausgebildet werden. Außerdem sollte für Social Media (Facebook) über das gesamte Geschäftsjahr ausreichend Werbebudget zur Verfügung stehen, da sich die Zielgruppe online hauptsächlich dort aufhält.

2.5 Synergieeffekte

Synergieeffekte umfassen in unserem Kontext das Zusammenwirken der Unternehmensgruppe, indem sie sich gegenseitig fördern bzw. einen daraus resultierenden gemeinsamen Nutzen haben. Das ergibt sich aus der Überschneidung der einzelnen Zielgruppen, welche für die einzelnen Studios in Frage kommen. Das bedeutet, dass eine studioübergreifende Zusammenarbeit absolut sinnvoll ist.

Somit kann man nicht nur Kosten sparen, sondern auch effizienter Werbung schalten oder gemeinsame Investitionen tätigen. Beispielsweise kann bei einer Haushaltsverteilung von Flyern Studio A und Studio B gemeinsam verteilt werden. Denn es zeigt sich, dass eine Zweitmitgliedschaft immer häufiger in Betracht gezogen wird. Somit ist der Trainierende viel flexibler. Hier stelle ich mir vor, dass die Mitglieder preislich davon profitieren, wenn sie bei zwei oder mehreren Studios der Unternehmensgruppe angemeldet sind. Diese Idee wird dann mit einer sog. „Kombi-Mitgliedschaft" realisiert, sodass man in Verbindung mit einem Belohnungssystem dem Mitglied Anreize gibt, regelmäßig zum Training zu gehen – unabhängig davon, welches der Studios der Unternehmensgruppe besucht wird. Des Weiteren kann das Unternehmen durch Empfehlungen der Mitglieder profitieren. Dies bedeutet, dass positive Mundpropaganda über Kontakte von Bestandsmitgliedern zur Neukundengewinnung genutzt wird. Dies gilt sowohl für jedes einzelne Unternehmen der Unternehmensgruppe, als auch übergreifend.

3 Abschlussstatement

Das Abschlussstatement für das Unternehmen ist mehrseitig zu reflektieren. Zum einen bietet der gewählte Standort ein großes Einzugsgebiet, welches die genannte Zielgruppe genau abdeckt. Hinzu kommt die Kaufkraft der dort lebenden Menschen. Da wir für Mannheim beim bundesweiten Durchschnitt liegen, können wir davon ausgehen, dass das hochpreisige Trainingskonzept zwar angenommen wird, aber Woche für Woche und Tag für Tag für Neumitglieder gekämpft werden muss. Der Markt für EMS-Anbieter ist in Mannheim zwar gut besetzt, das volle Marktpotential ist aber noch nicht ausgeschöpft. Mit dem Großunternehmen BASF liegt ein sog. Global Player im erweiterten Einzugsgebiet des EMS-Studios. Da BASF zu den weltweit größten Unternehmen im Bereich Chemie gehört, und aus diesem Grund ausreichend Budget für „betriebliches Gesundheitsmanagement" zur Verfügung hat, könnte eine firmeninterne Kooperation angestrebt werden, welches dem EMS-Studio wirtschaftlich einen großen Wettbewerbsvorteil bringen würde. Mit insgesamt zwei Mikrostudios ist Konkurrent 1 in Mannheim vertreten. Deutschlandweit gilt er als führender EMS-Anbieter. Aus diesem Grund ist es eine große Herausforderung sich gegenüber dem Branchenprimus durchzusetzen. Nichtsdestotrotz bin ich der Meinung, dass es absolut sinnvoll wäre das Unternehmen mit dem ausgearbeitetem Konzept zu eröffnen, da sich durch ein vollwertigeres Trainingskonzept mit ganzheitlicher Betreuung von der Konkurrenz ab-gesetzt wird.

Die größten Erfolgschancen innerhalb der Unternehmengruppe sehen wir trotz etablier-ter Konkurrenz bei dem EMS-Studio. Außerdem gehen wir davon aus, dass sich das Frauenstudio mit der einzigartigen Kinderbetreuung sehr gut behaupten wird. Des Wei-teren stehen die Erfolgschancen beim „Functional Training" sehr gut, da sich dieses Studio durch zwei Alleinstellungsmerkmale gegenüber Mitbewerbern behauptet. Die Studios im Premium und Discount-Segment müssen sich unter einer Vielzahl von Mit-bewerbern mit ähnlicher Produktpolitk durchsetzen. Dies stellt eine sehr große Heraus-forderung dar. Deshalb schätzen wir das Erfolgspotential bei den beiden Studioformen am geringsten, aber dennoch rentabel ein.

4 Literaturverzeichnis

Meffert, H., Burmann, C. & Kirchgeorg, M. (2012). Marketing. Grundlagen marktorien-tierter Unternehmensführung. Konzepte - Instrumente - Praxisbeispiele. 11. Aufl. Wiesbaden: Gabler.

Dunker, M.: Marketing. 2. Aufl. Rinteln: Merkur.

Nieschlag, R., Dichtl, E. & Hörschgen, H. (2002). Marketing. 19. Aufl.. Berlin: Duncker & Humblot.

GfK Kaufkraft Deutschland. (2016). Zugriff 15.05.2018. Verfügbar unter http://www.gfk.com/de/insights/press-release/kaufkraft-der-deutschen-steigt-2016-um-2-prozent/

Kaufkraft. Zugriff am 15.05.2018. Verfügbar unter https://www.mannheim.de/sites/default/files/2017-08/mannheim_2017.pdf

Arbeitslosenquote. Zugriff am 15.05.2018. Verfügbar unter https://www.mannheim.de/sites/default/files/2017-08/mannheim_2017.pdf

Altersverteilung. Zugriff am 17.05.2018. Verfügbar unter https://www.mannheim.de/sites/default/files/2017-08/mannheim_2017.pdf

Marktgebiet 1 und 2. Mannheim. Zugriff am 22.05.2018. Verfügbar unter https://de.m.wikipedia.org/wiki/Liste_der_Stadtbezirke_und_Stadtteile_von_Mannheim

Marktgebiet 1 und 2. Ludwigshafen. Zugriff am 22.05.2018. Verfügbar unter http://www.ludwigshafen.de/fileadmin/Websites/Stadt_Ludwigshafen/Lebenswert/Stadt_am_Rhein/Gaeste/Touristinfo/Zahlen_Daten_Fakten_2015_Internet.pdf

Unternehmensdaten Bodystreet. Zugriff am 27.05.2018. Verfügbar unter https://www.bodystreet.com/de/standorte/

Unternehmensdaten VeniceBeach. Zugriff am 27.05.2018. Verfügbar unter https://www.venicebeach-fitness.de

5 Abbildungs- und Tabellenverzeichnis

5.1 Abbildungsverzeichnis

Abb. 1: Marktgebiet 1
Abb. 2: Marktgebiet 2
Abb. 3: Altersverteilung Mannheim

5.2 Tabellenverzeichnis

Tab. 1: Positionierung
Tab. 2: Produkt-, Preis- und Distributionspolitik
Tab. 3: Marktgebietspotential 1
Tab. 4: Marktgebietspotential 2
Tab. 5: Wettbewerbsanalyse
Tab. 6: Überblick Vermarktungskampagne
Tab. 7: zyklische Budgetverteilung
Tab. 8: Werbemittel/Werbeträger
Tab. 9: Kostenkalkulation

BEI GRIN MACHT SICH IHR WISSEN BEZAHLT

- Wir veröffentlichen Ihre Hausarbeit, Bachelor- und Masterarbeit

- Ihr eigenes eBook und Buch - weltweit in allen wichtigen Shops

- Verdienen Sie an jedem Verkauf

Jetzt bei www.GRIN.com hochladen und kostenlos publizieren